LES

AGRAVIADOS

D'ESPAGNE.

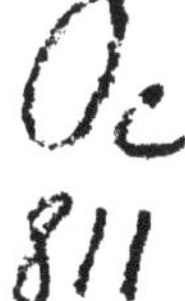

IMPRIMERIE DE J. TASTU,
RUE DE VAUGIRARD, N. 36.

LES

AGRAVIADOS

D'ESPAGNE.

SUIVI DE NOTICES

SUR LES HOMMES QUI ONT JOUÉ UN ROLE
DANS LES AFFAIRES D'ESPAGNE,

DEPUIS L'ABOLITION DE LA CONSTITUTION
DES CORTÈS EN 1823.

PAR F. C.

PARIS
PONTHIEU ET COMPAGNIE,
PALAIS-ROYAL, GALERIE DE BOIS.

Leipsig
PONTHIEU, MICHELSEN ET COMPAGNIE.

1827

LES
AGRAVIADOS
D'ESPAGNE.

La censure imposée aux journaux interdisant toute discussion politique, il est impossible au public de se former une véritable idée des étranges événemens dont l'Espagne est le théâtre. Les personnes qui ne lisent que le *Moniteur* et la *Gazette de France*, doivent penser, d'après les renseignemens que leur fournissent ces deux journaux, que tout est au moment de s'arranger. L'habile publiciste du *Moniteur* leur prouve même que l'insurrection de Catalogne est un événement heureux, parce qu'il est nécessaire que les Espagnols éprouvent quelque temps encore toutes les horreurs de l'anarchie, pour savourer ensuite avec plus de délices les douceurs de la paix. C'est ainsi que les médecins de l'école de Salerne prescrivaient des excès pour entretenir la santé.

Si les lecteurs de la *Quotidienne* s'en rapportent aux articles que, par un privilége spécial, on permet à ce journal de publier, ils doivent être convaincus que les *Agraviados* sont de bons et loyaux Espagnols, pleins de bravoure et surtout de désintéressement; pourquoi ne les louerait-elle pas? Ces braves gens, en effet, ne combattent, à ce qu'elle croit, que pour rendre à leur patrie les beaux jours où la Sainte-Inquisition brillait de tout son éclat, et hâter le moment où une rigueur aussi *salutaire* qu'inexorable, fera justice de ces libéraux, qui ont l'outrecuidance de souhaiter que l'Espagne soit autrement gouvernée que Maroc, Alger ou Tunis, que nous offensons peut-être par cette comparaison.

N'est-il pas déplorable qu'après les sacrifices que nous avons faits pour rendre à l'Espagne toutes les douceurs du régime absolu, il y existe encore un nombreux parti qui préférerait au ministère du prudent et sage Calomarde [1], du tolérant père Cyrile [2], de l'énergique et expérimenté duc de l'Infantado [3], de l'habile Ballesteros [4]; à l'influence de l'illustre Camarilla des Meras [5], des Juanitos [6], des Chamorros [7], Grijalva [8], etc; qui préférerait, disons-nous, un gouvernement composé de ces infâmes modérés, qui subissent à l'étranger ou dans quelque coin ignoré de l'heureuse Espagne la peine due au crime irrémissible d'avoir voulu concilier tous les partis sous le sceptre de Ferdinand VII.

Quant aux nombreux lecteurs des *Débats*, du *Courrier*, du *Constitutionnel* et du *Commerce*, ils sont moins avancés que ceux des deux journaux que nous avons cités. Les rédacteurs des feuilles de l'Opposition savent à peu près seuls ce qui se passe, car le public ne voit que les extraits de leurs correspondances, mutilés ou tronqués. Peut-être même ne sont-ils instruits qu'à demi, car il n'est pas aisé de juger la situation de ce singulier pays, surtout dans le moment présent; les journaux anglais eux-mêmes, soit faute de renseignemens exacts, ou de connaissance des antécédens, sont loin de donner des informations satisfaisantes. Le gouvernement de ce pays n'a, dans aucune occasion, bien jugé l'Espagne; s'il y a commis moins de fautes que le gouvernement français, dans ces derniers temps, c'est qu'il est intervenu moins directement dans les affaires de la Péninsule; mais il n'était guère mieux instruit du véritable état des choses : témoin, l'assertion irréfléchie et complètement fausse de M. Canning, lorsqu'il déclarait, dans le dernier Parlement, que la majorité des Espagnols repoussait toute espèce d'institutions constitutionnelles *.

C'est pour suppléer à ce défaut de lumières, et parce que cette question est de la plus haute importance, particulièrement pour la France, que nous nous proposons de l'éclaircir par quelques considérations et par des faits. Nous tâcherons d'être brefs pour pouvoir être lus, et clairs afin d'être utiles. Nous aurions attendu que la presse périodique fût libre, pour faire part au public de nos observations; mais comme nous ignorons à quelle époque elle le sera, et vu l'urgence, nous prenons la seule voie qui nous soit ouverte. Nous n'espérons pas être assez

* Voir à la fin de l'ouvrage la note A.

heureux pour que nos remarques aient quelque influence sur les déterminations du ministère. Depuis qu'il pèse sur la France, il a parfois, et fortuitement, pris des demi-mesures raisonnables sur quelques objets, mais quant à l'Espagne, il n'a pas dévié une seconde de la carrière de fautes qu'il s'est ouverte dans ce pays, et il l'élargit tous les jours avec la plus incroyable obstination. C'est donc pour l'acquit de notre conscience, que nous publions ces considérations.

Agraviado veut dire, en langue espagnole, un homme auquel on a fait une injustice (*un agravio*), en ne le récompensant pas des services qu'il a rendus, ou en les méconnaissant.

Les hommes qui firent partie de l'armée dite de la *Foi*, ne doutent pas que c'est à leurs efforts que Ferdinand VII doit de s'être débarrassé d'une constitution qui lui était odieuse, mais qu'il a peut-être regrettée plus d'une fois, depuis qu'il a subi le joug que lui ont imposé les royalistes par excellence. Ceux-ci prétendent lui avoir rendu la plénitude du pouvoir absolu; mais ils entendent bien que ce pouvoir ne doit être exercé que par eux, et contre ceux qu'ils appellent *Negros*, c'est-à-dire contre tous les Espagnols qui possèdent ou qui sont éclairés, voilà leur principal grief (*agravio.*) Le Roi doit, en outre, se prêter à toutes les extravagances enfantées par l'imagination des apostoliques; et quelles imaginations que celles des meneurs de ce parti! Il faut les connaître personnellement pour se faire une idée de tant d'ignorance et de stupidité, jointes à tant de barbarie et de férocité. Quel parti que celui où ont figuré en première ligne Bessières[9] et le Trapiste[10]! où figurent encore Caragol[11] et le moine Pugnal[12]! MM. les rédacteurs de la *Quotidienne*, qui êtes obligés de dissimuler le dégoût que vous causent sans doute les exploits des bandes insurgées, que n'étiez-vous avec nous en 1823; vous auriez vu de près et apprécié ces héros de l'autel et du trône. Que n'êtes-vous encore en Catalogne au milieu de ces royalistes dont vous excusez les excès par l'intention que vous leur prêtez? Combien votre langage changerait, et Dieu sait où s'arrêterait votre palinodie!

Raisonnant toujours dans l'hypothèse qu'eux seuls ont opéré la contre-révolution, et qu'ils ne doivent rien à la France, il n'y a pas d'exigence que les *Agraviados* ne soient disposés à imposer au Roi qu'ils appellent *Negro*, toutes les fois que, par un hasard bien rare, le conseil de Sa Majesté Catholique prend une mesure judicieuse, ou fait admettre un conseiller qui n'est pas absolument un sot ou un énergumène. Ils ont complètement oublié, et notre ministère n'a eu garde de le leur rappeler, qu'une poignée de constitutionnels les avaient chassés de l'Espagne, avant que notre cordon sanitaire devînt armée d'invasion, même de cette Catalogne qu'ils occupent aujourd'hui presqu'en entier; ils ne se bornent pas à cet oubli, ils nous méprisent et font subir à nos soldats et à nos voyageurs leur avilissante protection.

Quelque briéveté que nous voulions mettre dans nos observations, nous sommes obligé de rappeler des antécédens, qui ne sont pas nouveaux, quant aux faits, mais que jusqu'à présent, personne n'a discutés ni éclaircis, bien que toute la question soit là.

Lorsque le gouvernement français prêta son appui aux apostoliques d'Espagne, il commit, non-seulement une grande faute, mais un double délit politique; en premier lieu contre son propre pays en lui faisant entreprendre une guerre coûteuse et injuste, et en second lieu, contre une nation qui ne l'avait pas offensé, et à laquelle il fit un mal dont les suites seront aussi longues qu'elles ont déjà été cruelles. Nous mîmes le pouvoir aux mains du rebut de cette nation, car, tranchons hardiment le mot, en invoquant le témoignage de cent mille témoins qui ont fait la guerre de 1823, le parti que nous avons fait triompher se compose, dans sa presque totalité, de tout ce qu'il y a en Espagne de plus vil, de plus corrompu, de plus ignorant, en un mot, de la lie de la nation. Le ministère français, quelque mal informé qu'il pût être, n'ignorait pas cependant une partie de ces faits matériels; mais il céda à l'influence du parti qui dès-lors dominait. Il savait bien qu'il était faux que la majorité des Espagnols ne voulait pas d'institutions politiques constitutionnelles, et que, s'il existait des dissidences parmi les classes que seules on pouvait regarder comme constituant la nation, c'était plutôt sur la forme que sur le fond. Il était vrai alors, comme il l'est aujourd'hui, que la majeure partie des Espagnols s'occupait peu d'institutions politiques et était indifférente sur la forme de gouvernement; mais elle voulait ce qu'elle veut encore, obéir à des lois fixes et adaptées aux besoins du siècle, besoins qui, quoi qu'on en ait dit, se font sentir en Espagne comme ailleurs; mais on voulait s'essayer en attaquant la constitution d'Espagne, aux coups qu'on se proposait de porter à la Charte de France. Il fallait un prétexte, et on feignait de croire que la révolution d'Espagne n'était qu'une insurrection militaire : mensonge grossier, qui n'a jamais été bien réfuté, quoiqu'il eût suffi d'une simple exposition des faits.

Lorsqu'au mois de février et de mars 1820, le soulèvement universel de la Catalogne, de l'Aragon, de la Galice, et enfin de Madrid, força les ministres du roi Ferdinand à lui conseiller de prêter serment à la constitution de Cadix (démarche désespérée qui, faite trois mois plus tôt, eût pu être modifiée dans l'intérêt réciproque de l'autorité royale et des droits nationaux), l'insurrection militaire était apaisée; Riego, réduit à quarante hommes, était en fuite; et Quiroga, bloqué étroitement dans l'île de Léon, allait être obligé de se soumettre. Ce furent les peuples, ces mêmes peuples que le fanatisme et l'argent des apostoliques de tous les pays arment aujourd'hui, qui firent la révolution, fatigués qu'ils étaient du joug insupportable qui les accablait depuis 1814. L'opinion générale, qu'il faut qualifier ainsi, malgré le fatras d'extravagances que débitent les défenseurs intéressés du pouvoir absolu, était tellement prononcée au commencement de 1820, en faveur d'un changement politique, qu'il n'y avait pas de puissance qui pût empêcher l'explosion. La joie fut universelle en Espagne, il n'y eut pas un seul témoignage d'opposition; et, ce qu'on n'a vu que dans ce pays, les personnages les plus éminens par leur naissance, leur fortune et leurs dignités, embrassèrent avec ardeur la cause de la liberté. Aucun d'entre eux ne s'est démenti jusqu'à ce jour, malgré les plus horribles persécutions. Au contraire, leurs rangs s'augmentent tous les jours par l'adhésion de la plupart de ceux qui désapprouvaient, *tacitement*, ces grands changemens au moment où ils eurent lieu.

Nous ne laisserons point passer, sans la saisir, cette occasion de témoigner toute notre admiration pour la grandeur d'ame, la magnanimité, le désintéressement et le patriotisme de ces antiques et nobles maisons espagnoles. Renonçant à leurs priviléges et à des droits consacrés par plusieurs siècles d'une paisible jouissance, elles adoptèrent avec un enthousiasme qui ne s'est pas démenti, un ordre de choses dont la promulgation établissait des droits incompatibles avec les leurs. Elles en apprécièrent toutes les conséquences, et, loin de les restreindre, elles les provoquèrent et les sollicitèrent vivement. Dans la révolution française, tous les privilégiés se liguèrent contre les droits que la nation venait de reconquérir; dans celle d'Espagne, ces mêmes privilégiés prirent les armes pour soutenir et défendre ces droits dont ils venaient de révéler l'existence au peuple qui les ignorait.

Les bandits que, sous le nom d'armée de la Foi, le ministère français souleva contre la constitution espagnole, étaient peu nombreux, et rien ne pouvait les soustraire au châtiment dû à leurs crimes passés, et à la rébellion dont ils se rendaient coupables. Ce fut d'abord un ramassis d'hommes tarés, de contrebandiers, dont plusieurs avaient subi des jugemens flétrissans, ou des employés infidèles qui s'étaient échappés en France, avec les deniers publics dont ils étaient dépositaires. Quelques hommes ambitieux, qui depuis ont rougi d'avoir été à leur tête, tels que les généraux d'Espagne [13], Quesada [14] et feu d'Eroles [15], crurent y voir un moyen de se créer une brillante carrière; à ceux-ci se joignirent un petit nombre d'autres hommes inquiets et mécontens, tels que Eguia [16], Mataflorida [17], Elisalde, Erro [18], l'archevêque de Tarragone Creus [19], et quelques autres. La protection ouverte de la France ne put les soutenir en Espagne d'où ils furent chassés, et où ils ne rentrèrent qu'à la suite de notre armée.....

Pendant ce temps, la Camarilla [20], au moyen de l'argent de la liste civile que la cour lui abandonnait, et avec celui qu'elle recevait de France, fomentait des troubles dans les provinces; mais le paysan espagnol, généralement loyal et sensé, ne cédant pas facilement à des séductions dont le but ne lui paraissait pas remplacer les avantages réels que lui avait procurés le régime constitutionnel, les conspirateurs firent agir les prêtres, qui, à leur tour, invoquèrent les noms toujours puissans du ciel et de la religion. Le parti se grossit par leurs soins, et alors se formèrent les bandes sous les ordres du Trapiste, de Bessières, du curé Mérino [21], de Carnicer [22], Locho [23], etc. Le nom seul de ces chefs portait l'épouvante dans les villages qu'ils parcouraient; aussi les populations se prêtèrent avec zèle aux mesures vigoureuses que prit le gouvernement constitutionnel, pour délivrer l'Espagne de la présence de ces brigands. Nous avons vu dans la capitale cette même populace, qui peu de jours après accueillit les Français avec tant d'enthousiasme, vouloir mettre en pièces une centaine de prisonniers de la Foi de la bande de Bessières, faits par les troupes constitutionnelles de la petite ville de Jadraque, à vingt lieues de Madrid. *Les miliciens nationaux*, poursuivis depuis avec tant d'acharnement, furent sur pied pendant trois jours, pour empêcher que les prisons ne fussent forcées.

Les insurgés toujours battus et poursuivis jusqu'à l'extrême frontière, se réfugièrent en France, où ils furent accueillis comme des héros, parce qu'ils fournissaient le prétexte qu'on cherchait depuis si long-temps de renverser en Espagne le système constitutionnel.

Cependant quelques voix généreuses s'élevèrent, en France et en Espagne, contre cette conduite machiavélique du gouvernement français; mais ce fut en vain. On disait aux partisans de la guerre que l'on méditait: « Mais pourquoi ne laissez-vous pas faire à ces royalistes que vous prétendez être si vaillans et si nombreux? De quel droit allez-vous vous immiscer dans les affaires intérieures de l'Espagne? » Les gens prudens et avisés ne prévoyaient que trop que la France aurait à déplorer les suites funestes de cet attentat contre les droits des nations, même après les succès d'une expédition dont certes l'heureux résultat ne peut être attribué au ministère qui a fait tout ce qu'il a pu pour la gâter; il n'y a que trop bien réussi dans la partie où il n'a pas été gêné par une volonté auguste et généreuse. Le ministre dirigeant, on lui doit cette justice, n'a fait cette guerre que malgré lui; il s'est vu contraint de céder à l'influence du parti rétrograde, qui vit bien qu'il n'avait pas un moment à perdre pour empêcher la consolidation du système constitutionnel; ce parti sentait qu'après les troubles inséparables des premiers changemens, l'Espagne allait donner un nouvel exemple de l'heureuse influence de ce système dont il lui importait d'étouffer le développement.

Les hommes qui à cette époque étaient à la tête du pouvoir en Espagne, ne voyaient pas bien loin dans l'avenir, et étaient novices en fait de révolution. Persuadés, comme ils devaient l'être, de l'assentiment de la majorité de la nation, ils ne s'opposèrent pas aux manœuvres de la Camarilla, qu'ils connaissaient parfaitement; ils commirent la double faute de croire, d'une part, que les démonstrations de la France n'étaient que comminatoires, et de l'autre, que même dans le cas où elles deviendraient réellement hostiles, l'intervention de cette puissance, régie elle-même par un système constitutionnel, n'aurait pas pour résultat le rétablissement du pouvoir absolu, ou pour mieux dire son établissement, car les anciennes lois de la monarchie espagnole, quoique souvent enfreintes par des ministres puissans, consacraient une partie précieuse des libertés publiques; quelques hommes propres aux affaires, et qui par leurs talens auraient pu contribuer à sauver le pays de la crise terrible où il allait entrer, se séparèrent du gouvernement, les uns par découragement, et les autres en se livrant entièrement à des opérations d'un intérêt purement personnel, quoiqu'en apparence utiles à l'État.

Le parti qu'on appelle *Anillero* en Espagne, et qui représentait, à quelques nuances près, nos feuillans de 1791, commit sans doute une grande faute en se séparant, au commencement de la session de 1822, du parti révolutionnaire proprement dit, faute qu'il a payée bien cher, puisque ce sont ses membres qui ont été principalement victimes des plus horribles persécutions; mais n'était-il pas excusable de ne pas prévoir que l'intervention de la France aurait pour résultat de mettre le pouvoir aux mains des forcenés qui l'exercent depuis la fin de 1823. Les Espagnols ne furent-ils pas fondés, dès le début de la campagne, à se féliciter, en quelque sorte, de la faible résistance qui fut opposée à l'armée française? Les proclamations du prince généralissime n'étaient-elles pas rassurantes? Tous les actes émanés de l'autorité militaire n'étaient-ils pas une confirmation des promesses faites par ces proclamations? Pouvaient-ils prévoir que le ministère français n'oserait pas soutenir le mémorable décret d'Andujar *? Tombait-il sous les sens que des capitulations faites sous la garantie de l'héritier de la couronne de France, et de cent mille Français, seraient audacieusement violées, sans qu'une seule réclamation officielle protestât contre cette violation dont toute la honte rejaillit sur notre gouvernement. Lorsqu'avant la sortie du Roi de Cadix, toutes les mesures que les Espagnols voyaient prendre par Son Altesse Royale, indiquaient les intentions les plus bienveillantes, et lorsque les paroles qui sortaient d'une bouche auguste garantissaient une intervention future la plus rassurante, est-il étonnant que les armes soient tombées des

* Voir à la fin de l'ouvrage la note B.

mains des constitutionnels ? Et pouvaient-ils imaginer que cinquante mille hommes, restés en Espagne après la soumission totale du pays, n'y auraient d'autre mission que d'être les témoins passifs de la plus atroce réaction?

C'est cependant ce qui est arrivé; à peine le prince généralissime eut-il repassé la Bidassoa, que commença pour l'Espagne cette série de calamités, plus affreuses que toutes celles qu'elle a subies depuis l'invasion des Maures; la plus terrible pour elle fut la formation de ce parti effroyable, dont le noyau a été l'armée de la Foi et auquel nous avons laissé en proie le pays et le monarque, que, suivant le langage officiel, nous étions venus sauver. Quelle manière de sauver une nation, grands dieux! que de la livrer à un parti dont les hommes d'État sont des Calomarde, des Infantado, des père Cyrile; et les guerriers, des Merino, des Jep dels Estanys, des Romagosa; d'un parti dont nos braves soldats ont rougi d'être les protecteurs, et dont, par une pudeur que conçoivent bien ceux qui ont fait la campagne de 1823, notre armée repoussait l'alliance sous les mêmes drapeaux!

Le pouvoir est resté aux mains de cet horrible parti qui a levé le masque; déjà il a forcé le Roi à se défaire de M. Recacho [24]; M. le marquis de Campo-Sagrado [25] lui a été sacrifié; Romagosa * est audacieusement venu jusque dans le cabinet du Roi, signifier les conditions au moyen desquelles les *Agraviados* veulent bien se dire ses sujets.

Ce qui se passe maintenant en Espagne est une ignoble parodie da la ligue française au seizième siècle; le monarque espagnol sera, comme Henri III, forcé de se déclarer le chef des conjurés; à la vérité il n'y a point de Guise en Espagne, mais les Bussy-Leclerc n'y manquent pas. Il y a encore un trait marquant de ressemblance entre la cour de Ferdinand et celle de Henri III; dans le ministère de ce dernier, il y avait quelques bons Français mêlés avec des ligueurs; il y a de même, dans les conseils du roi d'Espagne et à la tête de ses armées, un petit nombre de loyaux Epagnols. Ainsi, à côté de M. Calomarde, du père Cyrile et du duc de l'Infantado; de MM. Erro et Elisalde, siégent MM. Zambrano, Castagnos et quelques

* Voir à la fin de l'ouvrage la note D.

autres, qui sont loin de partager les opinions de leurs collègues. Les généraux d'Espagne, Quesada, Saarfield et Monet, et en général tous les officiers de l'armée, ne demanderaient pas mieux que d'être chargés de dissoudre le corps des volontaires royalistes, mais leurs efforts seront vains; après avoir aidé le roi à en obtenir une apparente soumission, ils leur seront sacrifiés, et iront grossir en France et en Angleterre les rangs déjà si nombreux des exilés [16].

Ce parti, cependant, sait-il bien lui-même ce qu'il veut? Nous en doutons. Ses chefs, dont le but jusqu'à présent est tout-à-fait personnel, ne soupçonnent pas qu'il est un résultat nécessaire de l'état d'anarchie dans lequel se trouve l'Espagne depuis si long-temps, et que ses succès si étonnans, sont également la suite d'un mécontentement général, provenant de la lassitude universelle de l'état de choses actuel. Un soulèvement constitutionnel aurait eu le même succès, sans la crainte fondée que les troupes françaises n'intervinssent; l'exemple de Tarifa * a empêché les libéraux de

* Le *Moniteur* a beau entasser sophismes sur so-

tenter de nouveaux efforts; cette conduite est d'autant plus prudente et d'autant plus judicieuse, que les *Agraviados*, sans s'en douter et sans le vouloir, travaillent pour la liberté future de leur patrie; bien que leur cri de ralliement soit l'Inquisition, parce qu'il fallait un drapeau, et parce que jusqu'après le succès ils feront cause commune avec les moines; mais leur projet est de changer la forme du gouvernement, et surtout de se mettre à la place de ceux qui occupent les emplois judiciaires, civils et militaires de la monarchie. Tout en déclamant contre la constitution abolie, ils veulent aussi des ga-

phismes, dans ses réponses aux journaux anglais qui s'étonnent avec raison de ce que les troupes françaises sont restées passives au milieu des mouvemens de la Catalogne; il faut que les instructions données à nos généraux en Espagne aient été changées depuis le soulèvement de 1824; car à cette époque le gouverneur de Cadix n'attendit pas des ordres de Paris pour courir sus aux constitutionnels de Tarifa. L'immobilité de la garnison de Barcelone depuis six mois, fait un singulier contraste avec l'activité que déploya celle de Cadix. Cependant elle a pu entendre des cris tout au moins irrespectueux pour la légitimité.

ranties; un instinct secret dans la masse des révoltés, et peut-être un plan formé par quelques chefs, les avertit que le temps est passé où le peuple n'était rien. On va voir avec étonnement que dans les conditions qu'ils imposeront au Roi, ils exigeront que les places et les dignités soient données exclusivement aux volontaires royalistes, élément le plus démocratique qui ait existé en Europe depuis plus de six siècles, et que nous verrons bientôt agir d'après l'irrésistible nature de toute association populaire; nous les verrons après la victoire qu'ils vont remporter, par la force des armes ou par des négociations, séparer peu à peu leur cause de celle du clergé. Heureusement pour la prospérité future de l'Espagne, les prêtres ont commis la faute grave de prêter leur appui à un soulèvement purement populaire; l'ignorance où ils sont de ce qui se passe autour d'eux, les a empêché de s'apercevoir de la grande révolution intellectuelle qui s'est faite, même en Espagne; le fanatisme religieux qui, dans ce pays ainsi que dans tout le reste de l'Europe, était un principe, n'est plus qu'un moyen; et en Espagne comme partout ailleurs, il n'aura bientôt plus aucune force.

Les Caragol, les Jep dels Estanys, Carnicer, Ballester, sont nos Montagnards de 1793; moins désintéressés, mais tout aussi démagogues. Comme eux ils périront, mais ils auront des successeurs qui profiteront de leurs crimes et accompliront une révolution, d'abord dans les hommes et nécessairement ensuite dans les choses. Rien ne pourra empêcher ce résultat: le trône cédera, le clergé finira par être sacrifié parce qu'il est riche; et il s'élèvera en Espagne une société d'hommes nouveaux qui remplaceront les anciennes familles; en un mot, le résultat sera le même que celui qu'aurait eu le système constitutionnel. Des changemens pareils se seraient opérés par lui avec moins de violence et en employant d'autres formes, c'est-à-dire que par les libéraux la révolution serait venue d'en haut, et par les volontaires, elle viendra d'en bas; mais en définitive le peuple prendra, dans le corps social, la place qui lui est légitimement due. Peut-être même, les petits-fils des Espagnols d'aujourd'hui auront-ils réellement gagné davantage à ce que leur révolution, au lieu d'avoir été faite par les grands et la noblesse, ait été accomplie par la dernière classe de la société, parce que le nivellement aura été plus complet.

Nous sommes surpris que depuis trois années révolues que l'Espagne est en proie à l'anarchie, on ne se soit pas aperçu que c'est le principe démocratique le plus pur qui fermente dans la Péninsule. Nos hommes d'État et la plus grande partie de nos publicistes sont les dupes des mots. Parce qu'on entend retentir les cris de *vive le Roi absolu! vive l'Inquisition!* on s'imagine bonnement que les deux cent mille prolétaires auxquels on a mis les armes à la main, les déposeront bénévolement, lorsque le Roi aura déclaré par une cédule qu'il est le maître absolu de la vie et des biens de ses sujets, et après que le tribunal de l'Inquisition aura été rétabli. Mais n'ont-ils pas eu déjà satisfaction sur le premier point; le Roi d'Espagne n'a-t-il pas assez solennellement déclaré qu'il ne consentirait jamais que par force, à ce que la moindre limite fût mise à son autorité? Et quant à l'Inquisition, qu'on essaie de la rétablir, et on la verra traitée comme l'a été la police de M. Recachò.

Cette erreur que nous signalons, n'est pas seulement celle des gouvernemens européens; beaucoup d'amis de la liberté croient qu'en effet les Agraviados ne sont que les instrumens du clergé et des absolutistes. Nous osons les inviter à réfléchir sur le nouveau point de vue sous lequel nous envisageons la question, et puisqu'il n'a pas été au pouvoir des amis de l'humanité de préserver l'Espagne des maux qui l'accablent, acceptons comme compensation, l'inévitable résultat qu'auront les événemens dont nous sommes les témoins. Ils la conduiront à la liberté par des moyens plus violens, mais non moins prompts.

Qu'on ne se persuade pas que le clergé qui favorise ouvertement l'insurrection actuelle, en conserve la direction qu'il n'a pas au fond, malgré les apparences. Les Agraviados, après leur triomphe, cesseront d'être une vile populace. Ils s'éclaireront; le dix-neuvième siècle agira sur eux avec la même force et avec la même rapidité qu'il agit sur les autres peuples. Il faudra nécessairement que les prolétaires, devenus les maîtres, deviennent aussi propriétaires, et ils sauront fort bien imiter ce qu'on a fait partout, dans des circonstances semblables. Il y a plus, les Agraviados voudront des libertés politiques, ils réclameront, non des constitutions, mais des priviléges que l'autorité royale commencera par concéder, et finira par se laisser arracher.

Les constitutionnels paraissent avoir aperçu ce résultat inévitable, ils n'ont pas bougé; ils gardent, en quelque sorte, la neutralité entre le gouvernement et les Agraviados, qui, de leur côté, ont profité de la faute qu'a faite le gouvernement, de ne pas appeler à son secours le parti libéral, qui dans les circonstances présentes et après l'expérience du passé, eût été infiniment moins exigeant que ne le seront les Agraviados. Ceux-ci admettent dans leurs rangs les constitutionnels que le ministère de Ferdinand s'obstine à repousser; et il ne serait pas impossible que, dans quelques mois, si les troubles se prolongent, ils n'interviennent d'une manière active. Cette supposition qui paraîtra paradoxale, ne l'est nullement. Ce n'est ni le premier ni le dernier des faux calculs de nos apostoliques français, qui s'obstinent à fermer les yeux sur la véritable cause de tous les mouvemens qui agitent les nations. C'est la liberté qu'elles veulent. En Espagne, où les questions sont moins éclaircies, les masses agissent par instinct et par passion plutôt que par raisonnement; mais le premier pas est fait, le peuple sent sa force, et la regarde comme un droit dont il ne veut plus se départir.

Il y aurait, sans doute, de la présomption à vouloir indiquer d'une manière positive quelles seront les suites du voyage du Roi en Catalogne. Une soumission apparente de la part des Agraviados fournira un texte fécond au *Moniteur* et à la *Gazette de France*, pour célébrer la puissance de la royauté, et grâces à la censure, on ignorera à quel prix l'autorité royale aura acheté cette soumission. De son côté, la *Quotidienne* ne manquera pas de faire valoir la modération de ces bons royalistes, qui daigneront peut-être se contenter du sacrifice du très-petit nombre d'hommes honnêtes ou éclairés, qui se sont résignés, jusqu'à ce jour, à siéger dans les conseils du Roi, à côté des furibonds qui y sont en majorité.

Mais en supposant même que les dernières nouvelles données par les journaux, n'aient pas passé aux ciseaux de la censure, et qu'il soit vrai qu'à l'arrivée de Sa Majesté Catholique, les insurgés aient spontanément mis bas les armes, il faut bien se garder de croire que les motifs qui ont fait soulever les Agraviados n'existent plus. Cette insurrection qu'on a appelée inexplicable, s'explique facilement en recherchant les causes qui l'ont produite. Ces causes subsistent toujours et elles sont nombreuses. Le roi d'Espagne ne peut, sans donner sa démission, consentir à se remettre entièrement entre les mains des révoltés qui prétendront toujours qu'il n'est pas libre, tant qu'ils n'occuperont pas toutes les places. Le clergé les soutiendra secrètement ou ostensiblement, suivant les lieux et les circonstances, parce qu'ayant fait, ainsi que nous l'avons déjà remarqué, la faute grave de lier sa cause à celle du parti démocratique, il ne peut plus se réconcilier ni avec les véritables royalistes, auxquels il sera toujours suspect désormais, ni avec les constitutionnels qui sont très-résolus, et avec pleine raison, à lui ôter son influence. Les Agraviados, à leur tour, prêteront leur appui au clergé, jusqu'à ce qu'ils soient parvenus à leur but, qui est le nivellement des classes et des fortunes. Plus tard, ils lui feront payer, et très-cher, leur adhésion actuelle. Les constitutionnels, de leur côté, ne se laisseront pas constamment décimer, et comme ils forment seuls la classe riche et éclairée de la nation, comme en outre ils ont l'expérience des fautes qu'ils ont commises, ils saisiront enfin une occasion de reprendre leurs avantages. Cette occasion peut se présenter d'un moment à l'autre. Le départ des troupes françaises, qui n'est pas improbable, décuplera leurs forces, en laissant livré à leur seule influence le midi de l'Espagne où ils ont la majorité numérique. Il n'est pas impossible que, dans ce cas, il y ait quelque rapprochement entre les Agraviados et les libéraux, dont le but est le même quant au fond, quoique tout-à-fait différent dans la forme.

Au résumé, l'Espagne est divisée en deux partis qui, l'un et l'autre, sont mécontens de ce qui existe. Les constitutionnels désirent une révolution, mais ils la veulent par des moyens légaux; ils se contenteraient d'une Charte émanée du trône, et consentiraient à de grandes restrictions en faveur de l'autorité royale. Les Agraviados témoignent la plus grande horreur pour les constitutions et pour les Chartes, et veulent un monarque absolu et l'Inquisition, mais avec la condition que le pouvoir, les honneurs et les richesses seront exclusivement dans leurs mains. Ce dernier parti n'est composé que de prolétaires et de bandits, sauf quelques ambitieux qui ont leurs vues secrètes, et quelques niais qui croient à la devise que les insurgés ont mise sur leurs drapeaux, sans réfléchir qu'il n'est pas dans l'ordre des choses possibles que celui qui ne possède rien, ne profite pas des occasions qui se présentent à lui d'acquérir des richesses. Le Roi auquel les deux partis sont également suspects, voudrait tenir la balance, mais le plus audacieux l'emportera; et de concession en concession, il lui arrachera la couronne, si des circonstances nouvelles et imprévues ne viennent pas changer la face des choses.

Nous ne doutons pas qu'avec un grand déploiement de forces, et par des mesures promptes et vigoureuses, l'insurrection de Catalogne ne soit réprimée; mais ce dont nous doutons beaucoup, c'est que ces mesures reçoivent leur exécution, et ne soient pas contrariées par une partie du ministère. Ce n'est pas sans peine que le comte d'Espagne a échappé à la vengeance des partisans secrets de Bessières, qui sont nombreux dans le conseil d'État et de Castille, et dont l'influence n'est pas sans pouvoir sur la Camarilla. L'espèce de concile épiscopal que Ferdinand a convoqué auprès de sa personne, ne manquera pas de paralyser toutes les opérations du comte d'Espagne et du général Monet. Nous ne serions pas étonnés que ces deux chefs ne fussent sacrifiés à la haine des apostoliques. M. Calomarde, dont les engagemens avec ce parti ne sont ignorés de personne, est seul auprès du Roi, et trouvera un puissant renfort dans les prélats qu'il a fait venir. Les trésors du clergé seront prodigués au monarque qu'il sera aisé de tromper sur les véritables intentions des révoltés.

On a cru ou feint de croire que le voyage de Sa Majesté Catholique était la suite d'une résolution spontanée; nous ne le croyons pas, nous pensons au contraire qu'il a été conseillé au Roi par le parti apostolique qui a craint avec raison que le général comte d'Espagne, dont on connait l'énergie et les manières expéditives, ne traitât les Agraviados comme il a traité Bessières. On n'a pas osé s'opposer au choix de ce général, indiqué par le marquis de Zambrano, ministre de la guerre, et très-odieux aux volontaires royalistes. Le Roi l'a approuvé, parce qu'il juge très-sainement les hommes et les choses, lorsqu'il n'est pas influencé ou effrayé. On a imaginé alors le voyage de Catalogne, et on s'est pressé, pour ne pas être prévenu par le comte d'Espagne. Il est probable que cette intrigue aura tout le succès que le parti s'en est promis; il en coûtera le sacrifice de quelques chefs subalternes des Agraviados qui seront fusillés ou pendus; mais ce sacrifice sera amplement compensé par les concessions patentes ou secrètes qui seront faites au parti. Le Roi quittera la Catalogne, persuadé que sa présence a tout pacifié, et, à peine de retour à Madrid, l'insurrection recommencera.

Cependant le *Moniteur*, la *Gazette de France* et la *Quotidienne*, chanteront victoire; ces feuilles exalteront la clémence royale, les personnes qui ne sont pas au fait de la situation véritable de l'Espagne, croiront que tout est fini, et si nous manifestons quelques doutes sur la durée de ce replâtrage, on nous dira des injures; on nous traitera de jacobins incorrigibles; on accusera les libéraux d'avoir fomenté les troubles éteints, et de chercher à en exciter de nouveaux. On n'aura garde de concevoir que ce serait une grande faute à eux de se mouvoir; ils n'ont qu'à laisser faire M. Calomarde et le révérend père Cyrile. Ces deux personnages et leurs complices arrangeront si bien les affaires avec l'aide des volontaires royalistes, qu'ils aplaniront toutes les voies à l'inévitable révolution qui menace l'Espagne. Le parti apostolique a placé la nation espagnole et son Roi dans une situation tellement déplorable, qu'une révolution est la seule ancre de salut qui reste à l'un et à l'autre, pour en sortir.

Nous ne savons que trop que nous prêchons dans le désert ; nos réflexions ne produiront pas plus de fruit, que les efforts faits de 1815 à 1820, pour prévenir la révolution, car elles ne seront pas discutées devant le seul tribunal compétent ; elles passeront inaperçues sous les yeux d'un petit nombre de lecteurs, et si, par hasard, elles parvenaient jusqu'à nos Excellences, elles n'y verraient que l'expression d'une opinion chagrine, coupable de vouloir troubler le sommeil auquel elles vont se livrer relativement à l'Espagne, pendant les trois ou quatre mois de répit que va leur donner la dissolution de la junte de Manreza.

Ce n'est pas d'aujourd'hui seulement que nous avons tenté, quelquefois par devoir et d'autres fois par zèle, de faire connaitre à notre gouvernement la vérité sur l'Espagne, mais nous avons toujours été repoussés ; nos communications ont été considérées comme des critiques, parce qu'en effet elles dévoilaient les funestes effets du faux système dont le ministère n'a jamais voulu se départir, et parce qu'elles indiquaient des remèdes dont on ne voulait point essayer. Plusieurs de nos prédictions se sont déjà réalisées ; celles que nous hasardons aujourd'hui se réaliseront également, sauf quelques incidens que nous ne pouvons pas prévoir, et qui ne changeront rien au résultat définitif que doivent nécessairement avoir les mouvemens qui agitent l'Espagne.

NOTES.

[1] M. Calomarde, ministre tout-puissant de sa Majesté Catholique, et maintenant le personnage le plus considérable d'Espagne, a des antécédens obscurs. Il a commencé par être page chez un conseiller de Castille. On appelle de ce nom une espèce de domestiques dont le rang dans les maisons considérables est immédiatement au-dessus de laquais. Il a suivi la carrière de la magistrature, et était, au commencement de la révolution, magistrat subalterne, ce qui aurait supposé quelque mérite à d'autres époques. Mais pendant la période de 1814 à 1820, que les Espagnols ont appelée, non sans raison, les six années du despotisme, les faveurs du gouvernement ont été rarement la récompense du véritable mérite.

M. Calomarde fut secrétaire de la première junte de gouvernement substituée à la régence d'Urgel que la France refusa de reconnaître. Il fut élevé au ministère de la justice, qu'il possède encore, par le crédit de M. Ugarte, qu'il contribua depuis à renverser, lorsque M. le comte d'Ofalia, qui occupait ce poste, devint par la mort du marquis de Casa Irujo, chef du ministère qui avait remplacé celui de don Victor Saez. M. Calomarde, d'abord peu agréable au Roi, est devenu par degrés le ministre favori, il s'est défait successivement de M. d'Ofalia, de M. Ugarte, de M. Zea, et est parvenu à annuller, en quelque sorte, l'emploi de premier ministre, qui, en Espagne, appartient de droit au ministre des affaires étrangères, en plaçant à ce poste un intérinaire, M. Salmon, dont la consistance et le crédit personnels ne peuvent lui causer d'ombrage. M. Calomarde a réussi à éloigner tous les candidats au premier ministère, et à fermer les portes de l'Espagne à son premier protecteur, M. Ugarte, qu'il tient dans une espèce d'exil en Italie. MM. d'Ofalia, Zea, Labrador et le duc de San-Carlos, que l'opinion publique et peut-être même l'inclination du monarque placeraient à la tête du ministère, ont des ambassades ou des missions loin de l'Espagne. Le dernier de ces personnages était le plus redoutable pour lui, parce que, outre qu'il est aimé de Ferdinand VII auquel il a donné des preuves du plus grand dévouement, tous les cabinets étrangers désireraient qu'il fût premier ministre.

M. Calomarde a été jusqu'à présent l'homme

des apostoliques, qui lui doivent le renvoi de M. Recacho. Il paraît certain qu'il avait promis à ce parti le rétablissement de l'Inquisition, mais il n'a pas encore pu triompher de la répugnance du Roi sur ce point ; peut-être le voyage de Catalogne lui fournira-t-il quelques moyens de déterminer le monarque à donner ce nouveau gage de sa soumission aux désirs des volontaires prétendus royalistes.

[2] Le père CYRILE, de l'Alameda, conseiller d'État, général des franciscains.

Ce moine, célèbre en Espagne et même en Europe, est le plus capable de tous les personnages influens du cabinet espagnol, et malgré sa robe, celui qui a le moins de préjugés. Au commencement de la révolution de 1820, le père Cyrile manifesta des opinions libérales. On croit même qu'il est franc-maçon. Des personnes dignes de foi assurent s'être trouvées avec lui dans une des loges les plus révolutionnaires de Madrid, qui se tenait dans la rue de *las Huertas*. Le général des franciscains était très-assidu aux travaux de cette loge qui portait le titre de *los duelos de Villalpando* (deuil de Villalpando), par allusion aux *communeros* du temps de Charles-Quint. Il avait dans cette loge le grade de maître, et en portait avec complaisance les insignes.

Le père Cyrile est d'une taille moyenne, son œil arabe est plein d'expression; il parle avec élégance et pureté; ses manières sont distinguées et nobles; l'habitude du commandement lui a donné de l'aisance, et l'usage du monde dans lequel il n'est pas déplacé. Il ne se distingue des autres moines de son ordre que par une grande propreté, et par la finesse de son froc et de son linge. Il n'a de connaissances spéciales sur aucune partie, mais beaucoup d'esprit et de tact naturel, qui lui font saisir avec une grande sagacité les idées des autres et les rendre avec clarté et éloquence.

Il a été porté, quoique très-jeune, aux premières dignités de son ordre, en profitant habilement des circonstances qui auraient été fâcheuses pour tout autre que pour lui. Envoyé par ses supérieurs en Amérique, presqu'en qualité d'exilé, pour quelques peccadilles monacales, il arriva, après plusieurs vicissitudes, à Rio-Janeiro. Il ne tarda pas à s'introduire dans cette cour, alors très-accessible aux moines; il fit naître dans l'esprit du feu roi Jean VI, la première idée du mariage des deux infantes avec le roi Ferdinand et son frère don Carlos. Il trouva les moyens de se faire avouer par la cour d'Espagne, et aidé du crédit de la reine Charlotte, épouse de Jean VI et sœur du roi d'Espagne, il réussit dans cette négociation, où la jeunesse, la bonne mine et l'amabilité du négociateur furent les principales causes du succès.

Depuis cette époque, le père Cyrile a entretenu une correspondance très-suivie avec la reine de Portugal, et a eu une très-grande part dans toutes les intrigues auxquelles a donné lieu la Charte de don Pédro.

Le père Cyrile est le conseil du duc de l'Infantado, sur lequel il a la plus grande influence. Il soutient, jusqu'à nouvel ordre, le ministre Calomarde, que d'ailleurs il méprise souverainement. Le roi Ferdinand n'aime pas le père Cyrile, mais il le craint, parce qu'il a treize mille hommes sous ses ordres en Espagne seulement, et un revenu très-considérable, puisque indépendamment de plusieurs branches très-productives, il perçoit de chaque franciscain, et par chaque semaine, le montant d'une messe. Entièrement dévoué à la cour de Rome, il est haï du haut clergé.

Le père Cyrile a de nombreuses relations avec toutes les classes de la société. Comme les femmes ne peuvent pas entrer dans l'intérieur des couvens d'hommes, on a construit un parloir sous le péristyle du monastère de Saint-François. C'est là que le général de l'ordre donne ses audiences aux personnes du sexe parmi lesquelles il jouit d'une très-grande réputation.

Le père Cyrile entretient une correspondance très-étendue en Europe, en Asie et en Amérique; c'est, après le général des Jésuites, l'homme qui reçoit le plus de lettres.

Il vise au cardinalat et au ministère : il n'est pas impossible qu'il obtienne un jour la pourpre romaine; quant au ministère, il n'y parviendra jamais du gré du roi Ferdinand. Il pourra lui être imposé, mais ce ne sera qu'après une vive résistance. Le roi d'Espagne, malgré quelques apparences contraires, a la plus grande répugnance à admettre des ecclésiastiques dans le ministère.

[3] Le duc de l'Infantado, dont le nom se trouve mêlé à toutes les affaires d'Espagne, depuis 1807, est un des plus grands seigneurs de ce royaume, par sa naissance et par d'immenses richesses, que par une exception dont les exemples sont rares, il fait administrer sagement. Il a été élevé à Paris et il a conservé toutes les manières élégantes et les mœurs de l'époque qui a précédé immédiatement la révolution française. Pendant le règne du prince de la Paix, il fut du petit nombre de ceux qui ne fléchirent pas le genou devant l'idole. Si ses talens eussent égalé son dévouement à Ferdinand alors héritier de la couronne, il est probable que la révolution d'Espagne eût pris une autre

direction. On sait le rôle qu'il a joué dans la conspiration de l'Escurial, ainsi qu'à Bayonne, où il était lors de l'espèce de congrès convoqué par Napoléon. Il parut adopter franchement le nouveau roi qu'il plut à l'Empereur de donner aux Espagnols, et prit une part très-active à la discussion des articles de la Constitution qui fut décrétée par cette assemblée. Les opinions qu'il émit alors étaient fort libérales. A la nouvelle de la bataille de Baylen, il prit le parti d'aller se réunir à ses compatriotes et les aida puissamment de sa fortune. Il fut mis à la tête d'une armée qui fut détruite à la première affaire qu'elle eut avec les Français. Il fut ensuite successivement membre de la régence de Cadix et ambassadeur à Londres. Au retour de Ferdinand, il obtint la présidence du conseil de Castille, première place de la monarchie. Il l'exerçait et siégait, en outre, au conseil du Roi, lors de la révolution de 1820, dont il contribua à hâter l'explosion à Madrid, par les fausses mesures qu'il prit ou qu'il conseilla.

Pendant le régime constitutionnel, il se tint dans ses terres sans être inquiété, jusqu'après la journée du 7 juillet, dans laquelle il fut compromis. Mais les accusations portées alors contre lui n'eurent pas de suite, car ces libéraux qu'on a peints comme des furieux, n'étaient rien moins que persécuteurs.

Le duc de l'Infantado était à Madrid, lors de l'arrivée de l'armée française. Il fut nommé, par le prince généralissime, président de la régence; et on lui doit cette justice, qu'il fut le seul de ses membres qui ne contraria pas ouvertement les mesures que Son Altesse Royale prenait pour pacifier l'Espagne. A la sortie du Roi de Cadix, il refusa un ministère, mais il conserva toute l'influence que son caractère faible et nonchalant lui permit d'exercer.

A la retraite de M. Zea, le duc de l'Infantado dont l'ambition avait été réveillée par les intrigans dont il se laisse toujours entourer, fut nommé premier ministre. Il se montra dans ce poste aussi nul et aussi inexpérimenté qu'il l'avait toujours été. Le Roi fut obligé de lui ôter le portefeuille, mais sans le disgracier. Il resta au conseil d'Etat, où il s'est fait l'instrument des apostoliques, sans trop savoir pourquoi.

Le duc de l'Infantado est un homme de mœurs douces, bon, obligeant, et le seul du parti où il s'est laissé mettre, qui n'ait pas des formes repoussantes. Il fait un noble usage de sa fortune et n'a jamais reçu aucun émolument des charges éminentes qu'il a possédées. Dans d'autres temps, le duc de l'Infantado aurait eu la réputation d'un grand seigneur, aimable, généreux, éclairé même, car il a de l'instruction; il aime et protége les beaux-arts.

Le duc de l'Infantado a, comme nous l'avons dit, une Camarilla qui le domine absolument; elle se compose de personnages fort subalternes vendus au père Cyrile qui, par leur moyen, fait faire au duc de l'Infantado toutes les démarches qui conviennent aux apostoliques.

Le gouvernement français, mal informé sur les hommes et sur les choses de l'Espagne, crut faire un excellent choix en plaçant le duc de l'Infantado à la tête de la régence; mais il ne tarda pas à s'apercevoir de son erreur, et à partager l'opinion que les Espagnols de tous les partis s'étaient formée, depuis long-temps, de la nullité absolue de ce personnage.

[4] M. Lopez Ballesteros, ministre des finances de Sa Majesté Catholique, porté au ministère par l'influence d'Urgate, est un des plus médiocres financiers de l'Espagne. Ses talens se bornent à tenir toujours en réserve quelques milliers de piastres, afin de n'être jamais pris au dépourvu, lorsque le Roi demande des fonds pour ses dépenses particulières. Sans cette prévoyance, il y a long-temps qu'il eût été destitué. Son ignorance est extrême : il n'a aucune idée d'économie politique ni de crédit public. Ses opinions politiques sont modérées, ou plutôt il n'en a pas de déterminées. Il a eu le bon esprit de se laisser diriger.

pour ce qui concerne l'emprunt royal, par une maison de banque espagnole établie à Paris, qui jusqu'à présent a fidèlement payé les intérêts de l'emprunt royal, et qui se fait pardonner les gros bénéfices qu'elle fait dans cette opération, par le service éminent qu'elle rend au gouvernement espagnol, en maintenant cette partie de son crédit.

5 M. MERAS est le valet de chambre favori du Roi, auquel il s'est rendu fort agréable, en ayant l'air de ne se mêler de rien, ce qui ne l'empêche pas d'avoir une grande influence dans les affaires. M. Meras accompagne ordinairement Sa Majesté Catholique dans toutes ses promenades; il a une place dans la voiture du Roi.

6-7 JUANITO et CHAMORRO sont des espèces de favoris d'antichambre, que le Roi traite avec beaucoup de bonté, sans se douter, probablement, de l'importance que leur donnent au dehors les personnages les plus considérables de l'État.

8 M. GRIJALVA est le premier des secrétaires particuliers de Sa Majesté Catholique; son influence est très-grande, parce que c'est par ses mains que passent tous les papiers qu'on veut faire parvenir au Roi; ceux que ce prince reçoit directement,

lui sont également remis. M. Grijalva sait toujours à peu près quelle est l'opinion du monarque, sur les divers objets qui doivent être soumis à son approbation, et la possibilité où il est d'entretenir le ministre avant qu'il vienne apporter son travail, le rend très-puissant auprès de tous les membres du cabinet.

M. Grijalva passe pour avoir professé autrefois des opinions très-libérales et très-hardies en matière de religion. On le soupçonne d'avoir été revêtu des hauts grades de la maçonnerie, mais aujourd'hui il affiche une grande piété. Son extérieur est tout-à-fait jésuitique. M. Grijalva, beau-frère du ministre de la guerre, M. Zambrano, est l'ennemi secret de M. Calomarde qui ne lui pardonnera pas ses liaisons avec M. Recacho, et qui le soupçonne d'avoir voulu le renverser en plaçant M. le duc de San-Carlos à la tête du ministère.

[9] GEORGE BESSIÈRES, né aux environs de Montpellier, fut chassé des armées françaises pour des malversations; il prit du service en Espagne, et se fit remarquer par des opinions révolutionnaires très-exaltées au commencement de la révolution. Il trama à Barcelone une conspiration républicaine, et fut condamné à la peine de mort; mais il obtint sa grâce, à la sollicitation des autorités

constitutionnelles de la Catalogne. Échappé au supplice, il prit parti dans les premières bandes de la Foi, qui se formèrent dans cette province, et devint bientôt un de leurs principaux chefs. Il s'empara d'un petit fort où il installa une junte insurrectionnelle, dont il se fit président, et par laquelle il se fit donner, au nom du Roi, un brevet d'officier-général. Il se brouilla avec les autres chefs de la Catalogne, et se mit à faire la guerre pour son compte. Il était fort brave, parlait assez bien l'espagnol, et était doué d'une certaine éloquence populaire et militaire qui lui fit de nombreux partisans. Il était d'ailleurs humain et généreux, et celui de tous les guérilleros dont les villages redoutaient le moins la présence. Au commencement de 1823, il fit, aux environs de Madrid, une espèce de campagne où il déploya des talens militaires dignes d'une meilleure cause. Le fameux O'Donnel, comte de Labisbal, fut obligé de se mettre en campagne contre lui avec une division, et ne parvint qu'à l'éloigner de la capitale, sans lui faire éprouver de pertes sensibles. Deux ou trois jours avant l'entrée de l'armée française à Madrid, Bessières essaya de se rendre maître de la capitale, feignant d'ignorer qu'une convention avait été arrêtée entre le major-général de l'armée française, et le lieutenant-général Zayas, gouverneur de Madrid. Ce dernier défendit l'entrée de la ville à laquelle il rendit le service, si mal récompensé, de la préserver d'une occupation de trois jours par les bandits qui étaient réunis sous les ordres de ce chef.

Après la sortie du Roi de Cadix, Bessières devint un personnage; il paraissait jouir d'une sorte de faveur, lorsque tout-à-coup il partit pour l'Aragon, et commença une insurrection sous les mêmes prétextes qu'ont pris depuis les Agraviados. Le gouvernement envoya contre lui le général comte d'Espagne avec des pouvoirs illimités. Celui-ci en usa avec tant d'énergie et de promptitude, que huit jours après Bessières fut pris, fusillé, et sa bande détruite. Le parti qui avait fait agir Bessières a eu le crédit d'empêcher que cette affaire eût des suites.

1° Lorsqu'en 1823, ANTONIO MARAGNON, dit le TRAPISTE, recevait à Toulouse les honneurs de l'apothéose, et donnait sa manche à baiser aux dévots et aux dévotes de cette ville, on ne se doutait pas que cette apôtre-guerrier était un des plus infâmes scélérats que l'Espagne ait enfantés. Sa vie a été un tissu de crimes; le cloître avait été son refuge pour se dérober au supplice qu'il avait plusieurs fois mérité.

Maragnon avait commencé par être soldat, contrebandier, voleur de grand chemin, moine, puis encore soldat. Rentré dans son couvent, il s'en échappa, dès que les premières bandes de la Foi se formèrent. Il commit dans ses expéditions toutes sortes d'horreurs; chassé en France, il rentra en Espagne à la suite de notre armée, et désola les villes et villages à droite et à gauche de l'armée, par où il passa. Il vint à Madrid, où il donna le spectacle ridicule d'un moine presque toujours ivre, parcourant les rues sur une mule, ceint, sur son froc, d'un grand sabre à la hussarde, et haranguant la populace, sur laquelle d'ailleurs il n'obtint aucun crédit.

Le gouvernement espagnol, honteux enfin de sa tolérance, le fit reconduire par la gendarmerie dans un couvent, où il est mort, sans qu'on sache trop comment.

[11] Le Caragol est un ancien contrebandier qui s'est fait général d'une division d'Agraviados. Il est fort brave, et ne manque pas d'habileté, mais sa férocité est extrême; les malheureux villages de la Catalogne qui ont été le théâtre de ses exploits, s'en souviendront long-temps.

[12] Les journaux nous ont appris quel homme est le père Pugnal (le père Poignard)!

[13] Le comte d'Espagne est Français. Il servait

en Espagne au moment où Napoléon l'envahit ; il prit le parti de l'indépendance espagnole, qu'il défendit avec autant de bravoure que d'habileté. Il avait formé une petite division légère, qui n'appartenait proprement à aucune armée, et dans laquelle il admettait de préférence les hommes qui avaient déjà servi. Ce n'est que vers la fin de la guerre qu'il fut employé dans l'armée de ligne, en qualité d'officier-général. Après la restauration de Ferdinand, il fut employé activement, et lorsque le Roi eut prêté serment à la constitution de Cadix, il demanda et obtint un congé pour voyager ; il ne rentra en Espagne qu'avec l'armée française, et concourut, à la tête d'une division espagnole, au siége de Pampelune, par M. le maréchal Lauriston. Lorsqu'après les inutiles efforts du duc de l'Infantado pour créer une garde royale, on s'aperçut enfin que ce seigneur était totalement incapable de terminer cette opération, le comte d'Espagne en fut chargé, et en très-peu de temps, il organisa une garde à l'instar de celle de France, à laquelle il ne manquait que de bons officiers, que le général y aurait volontiers admis, mais que le parti apostolique repoussa.

Le comte d'Espagne est suspect à ce parti, en sa qualité de Français, et à cause de sa capacité et de l'énergie qu'il a déployées dans toutes les circonstances ; il est plutôt craint qu'aimé des troupes qu'il assujetti à la plus sévère discipline. Il est ambitieux, et ses ennemis l'accusent de cupidité. Ses opinions politiques le rendent partisan de la monarchie absolue, mais il s'indigne du joug imposé au monarque par un parti qu'il méprise. Les volontaires royalistes l'ont en horreur depuis l'exécution de Bessières. Cependant, le Roi qui, ainsi que nous l'avons dit ailleurs, juge très-sainement les hommes et les choses quand il n'est ni influencé ni effrayé, a toujours soutenu le comte d'Espagne, et l'avait déjà nommé *proprio motu*, capitaine-général de la Catalogne et général en chef de l'armée d'opérations, lorsqu'il lui a été proposé par le ministre de la guerre. Il est probable que sans le voyage du Roi, que nous regardons comme le résultat des intrigues des apostoliques, le général d'Espagne aurait exterminé les révoltés.

[14] Le général QUESADA n'était que colonel lorsqu'il embrassa le parti de l'insurrection contre les Cortès. Il ne fut pas heureux dans ses expéditions. Obligé de se réfugier en France, il vint à Paris solliciter du gouvernement français, un appui que le premier ministre répugnait beaucoup à lui prêter : il rentra dans sa patrie avec l'armée française, mais il faut dire à sa louange qu'il blâma hautement les mesures exagérées du parti que nous faisions triompher, auquel, dès-lors, il a

été suspect. Il a été cependant toujours employé; il l'est maintenant en qualité de capitaine-général de l'Andalousie, où, de concert avec M. Arjona, intendant-général de la même province, il entretient une tranquillité que les apostoliques n'ont pu réussir à altérer, même pendant l'insurrection portugaise. Le maintien de MM. Quesada et Arjona dans leurs emplois, est une espèce d'anomalie dans le gouvernement espagnol, où, depuis 1824, l'exil ou la disgrâce ont frappé successivement tous les hommes qui ont montré quelque modération dans les places qu'ils occupaient. Cette anomalie s'explique par l'impossibilité où serait le ministère de mettre dans un pays où l'opinion constitutionnelle est en majorité, l'espèce de sujets dont il fait ses instrumens habituels.

[15] Le baron d'Éroles a joué à peu près le même rôle que le général Quesada, mais dans une sphère plus élevée. De simple étudiant qu'il était, au commencement de la guerre de l'indépendance en 1809, il était parvenu, par des talens réels, au grade de lieutenant-général. Les personnes qui le connaissaient particulièrement furent très-surprises de ce qu'il n'adoptait pas avec chaleur des opinions constitutionnelles, qui étaient les siennes. Il les a manifestées même après le renversement de la Constitution auquel il a contribué,

Nommé membre de la régence présidée par le duc de l'Infantado, il n'en a jamais exercé les fonctions. Il resta auprès de M. le maréchal Moncey jusqu'après l'entière pacification de la Catalogne, et ne vint à Madrid que lorsque le Roi fut rentré dans sa capitale. Il ne tarda pas à se rendre suspect au parti dominant, en critiquant sans ménagement la conduite absurde du ministère. Il fut atteint d'une aliénation mentale provenant, dit-on, d'un empoisonnement. Il est mort à la fin de 1824 capitaine-général d'armée, à peine âgé de quarante ans.

[16] Le vieux général Eguia était le type des ultras de tous les pays; entêté, ignorant, routinier, superstitieux, aucune des idées nées ou énoncées depuis 1750, n'était entrée dans sa tête. C'est cet homme que le ministère français mit à la tête de la régence provisoire qui marchait de concert avec notre armée.

[17] Le marquis de Mataflorida qui a été long-temps ce qu'on appelle à Madrid *abogado de guardilla* (ce qui veut dire : un avocat sans cause logé au huitième étage), trouva le moyen de se faire nommer membre des Cortès de Cadix, et s'y distingua par son attachement aux vieilles maximes; il rédigea la fameuse adresse,

dite des Perses, parce qu'elle commençait par une comparaison prise des anciens Perses, par laquelle soixante-neuf députés suppliaient le Roi d'abroger la Constitution. Il s'introduisit dans la Camarilla, où il eut quelque influence. A cette époque, Ferdinand VII dont les coffres étaient vides, fit don au monastère de Notre-Dame d'Atocha, de six brevets de titre de Castille, avec permission de les vendre pour en employer le montant à la restauration de leur église. Il acheta le titre de marquis de Mataflorida pour six mille piastres, et en prit le nom. Traduit en jugement par le gouvernement constitutionnel de 1821, comme rédacteur de l'adresse des Perses, il réussit à s'échapper en Catalogne, où il devint membre de la régence insurrectionnelle. Cette régence, traquée par Mina, se réfugia en France, mais ne put obtenir d'être reconnue par le ministère français qui, au moment de l'invasion, lui préféra une autre régence présidée par le vieux Éguia. Mataflorida revint cependant en Espagne, mais ne put jamais rentrer en faveur. Il est même exilé dans ce moment-ci, et les journaux nous ont appris qu'il était retiré à Agen.

[18] M. Erro, ex-ministre des finances, conseiller d'État, est né en Biscaye. Il a commencé sa carrière comme ingénieur des mines. Il entra

ensuite dans les gardes-du-corps, et lorsque le prince de la Paix jugea à propos de se faire nommer inspecteur de ce corps, place qui le mettait au-dessus du Roi qui en est le colonel, il prit M. Erro pour secrétaire. Il entra ensuite dans l'administration des finances et fut successivement contrôleur à Soria et à Ciudad-Réal où le trouva l'invasion de 1808. Passionné pour l'indépendance de son pays, il se rendit à Cadix d'où il fut envoyé dans la Manche, comme intendant et président de la junte insurrectionnelle. En 1813, il fut nommé intendant de Madrid; il l'était encore à la fin de 1814, lorsqu'il fut dénoncé et arrêté comme franc-maçon. Le Roi chargea l'avocat Argumosa d'examiner ses papiers, où l'on ne trouva que des recherches sur la langue basque, que M. Erro prétend avoir été la langue dont Dieu s'est servi pour parler à Adam. Il prétend aussi avoir trouvé la preuve que le pouvoir des rois est absolu de droit divin. M. Erro n'est cependant pas un homme sans talent; mais son esprit systématique et entêté obscurcit ses bonnes qualités. Quoique partisan déclaré du despotisme royal et sacerdotal, il est d'un commerce doux et de mœurs faciles. Il était intendant de Barcelone, place d'un très-grand revenu, lorsque la révolution de 1820 éclata. Il perdit ses emplois et vint en France grossir le nombre des mécontens. Il fut nommé ministre des finances par la régence, et fit ensuite partie du ministère, dont Victor Saez, maintenant évêque de Tortose, fut le chef. Éloigné de Madrid à la chute de ce dernier, il y a été rappelé en qualité de conseiller d'État par l'influence des apostoliques. C'est le plus rude adversaire du ministre des finances Ballesteros qu'il se plait à tourmenter dans le conseil, en lui prouvant dans chaque occasion qui se présente, que toutes les mesures financières qu'il prend sont absurdes. M. Erro a le travail facile et connait à fond l'ancien système financier de la monarchie espagnole, qu'il trouve admirable. Il est dévot, sans observer toutefois une grande régularité dans sa conduite. Il est d'une taille très-élevée, chose assez rare en Espagne, mais il n'est doué d'aucun courage; il craint tout, et malgré son admiration pour le système de gouvernement absolu, il quitterait l'Espagne sans hésiter, pour venir s'établir en France, s'il pouvait le faire honorablement.

18 *bis*. M. Pio Elisalde, l'un des plus furibonds apostoliques qui siégent au conseil d'État, est un ancien négociant de Saint-Sébastien. C'est un homme d'un caractère dur et emporté, qui dédaigne toutes les convenances, et dont la principale passion est une haine profonde contre la France

et les Français. Il était cependant jacobin prononcé en 1792, et postérieurement partisan très-exalté des Cortès de Cadix. Il obtint plusieurs missions de ce gouvernement, entre autres celles de directeur des subsistances de l'armée du général Blake, sur lequel il prit un très-grand ascendant, et qu'on l'accuse d'avoir entraîné dans des démarches funestes à la cause de l'indépendance. Dès cette époque il se mit dans la tête et il pense encore aujourd'hui, que les Russes viendront en Espagne pour exterminer les Français. Cette extravagance est le fond de toute sa politique. Il est fort riche et vit de la manière la plus mesquine. Ses ennemis prétendent que sa fortune date de l'époque où étant directeur général des subsistances de l'armée de Blake, il perdit dans une rencontre avec les Français, les fourgons qui contenaient les pièces de sa comptabilité. Après l'établissement du système constitutionnel, il eut l'imprudence de témoigner hautement des sentimens opposés à la révolution, et de se mêler dans des intrigues contre le gouvernement qui le fit condamner à l'exil dans les îles Baléares ; mais il n'obéit pas et se cacha à Madrid, où son ami M. Erro le trouva, lorsqu'il y arriva avec les Français en 1823. Celui-ci le fit nommer directeur du trésor ; mais à la chute du ministère dont M. Erro faisait partie, il fut exilé en Catalogne.

Les apostoliques l'en ont retiré pour le faire conseiller d'État, malgré son incapacité et son ignorance qui est telle, qu'il sait à peine parler l'espagnol. Absolument dévoué à M. Erro, celui-ci qui est trop pusillanime pour attacher son aveu aux propositions violentes que le parti le charge de faire au conseil d'État, fait agir M. Elisalde, dont les discours rappellent ceux de Marat. Il ne voit de salut pour l'Espagne que dans les mesures les plus rigoureuses; et soutient que la révolution ne sera finie, que lorsque tous les négros seront exterminés, et lorsqu'il ne restera pas un seul Français en Espagne.

19 L'archevêque de Tarragone, Crecs, membre de la régence d'Urgel, mort en 1825, avait fait partie des Cortès de Cadix, et fut l'un des plus chauds défenseurs de l'Inquisition et de l'ancien système dans cette assemblée. C'était, néanmoins, un homme éclairé et très-capable, qui sentait l'impossibilité de gouverner une nation du dix-neuvième siècle avec les maximes du quatorzième.

Il ne jouit d'aucun crédit après le renversement de la Constitution: le ministère qui le craignait parvint à le forcer à se retirer dans son diocèse de Tarragone.

Dans une occasion où l'ambassadeur de France et le général en chef de l'armée française voulurent essayer de donner au gouvernement espagnol un ministère qui eût la capacité et la force nécessaires pour pacifier l'Espagne, il fut fait de leur part des ouvertures à l'archevêque de Tarragone, qui les accueillit et qui témoigna, au grand étonnement de ceux qui le croyaient un absolutiste forcené, qu'il ferait volontiers partie d'une administration où entreraient des hommes modérés. Il était prêt à s'engager, dans le cas où il devînt ministre, à concourir avec ses collègues, dont l'un devait être le général Castagnos, à la publication d'une amnistie générale, sauf quelques exceptions individuelles, à la formation d'un conseil d'État très-nombreux, divisé en sections, revêtu d'une grande partie des attributions du conseil de Castille, et à la suppression définitive de l'Inquisition, faite avec adresse.

M. Creus pensait qu'il fallait diminuer l'influence du clergé, en le divisant, et il indiquait les moyens d'y parvenir. Cette négociation, dont le succès eût changé la face de l'Espagne, était au moment de réussir; on avait obtenu l'assentiment des personnages dont l'opposition était le plus à craindre; les volontaires royalistes n'existaient pas encore, et ne se seraient jamais établis; mais le ministère français refusa d'appuyer vigoureusement ce plan, et ordonna à son ambassadeur de s'occuper exclusivement de la reconnaissance des trente-quatre millions qui, depuis cette époque, figurent tous les ans pour mémoire au budget, et seront accompagnés de ceux qui viennent grossir successivement la dette de l'Espagne envers la France.

2° Il faudrait un volume pour bien expliquer ce que c'est, en Espagne, que la CAMARILLA. Ce mot, littéralement traduit, veut dire petite chambre ou cabinet.

Le roi Ferdinand, tenu pendant la vie de son père Charles IV, dans un isolement presque absolu, ou entouré des espions de sa mère et du prince de la Paix, ne fut pas plutôt monté sur le trône, qu'il se livra au plaisir, nouveau pour lui, de pouvoir s'épancher en liberté en présence de personnes qui lui étaient dévouées. Il admit dans son intérieur et sur le pied d'une grande familiarité, les principaux employés de sa maison. Pendant son exil de Valençay, l'habitude de vivre exempt de toute étiquette se fortifia en lui. A son retour à Madrid, il continua d'admettre dans son intimité, outre ses ministres, quelques serviteurs dévoués et un petit nombre de personnes qui, pendant sa captivité, lui avaient donné des preuves de fidélité. Il y avait le soir, dans l'appartement du Roi qui n'était pas encore remarié, des réunions auxquelles on donna le nom de Camarilla.

L'intrigue, toujours active dans les cours, ne tarda pas à s'y introduire, et la Camarilla finit par être le vrai centre du gouvernement. Le goût du Roi pour une vie exempte des embarras de la grandeur, fut mis à profit par les ambitieux qui suscitèrent des personnages obscurs dont ils firent leurs instrumens.

Toutes les opérations ministérielles étaient contrôlées, alors même qu'elles avaient été approuvées par le Roi, et il est arrivé plus d'une fois qu'une décision signée à neuf heures du soir, a été révoquée par un billet écrit trois heures après. Il est arrivé aussi que tel ministre qui, en sortant de travailler avec le Roi, rentrait chez lui avec quelque témoignage de la faveur royale, a reçu à six heures du matin un ordre d'exil. Le ministre Macanaz avait quitté Sa Majesté Catholique à dix heures du soir, sans s'apercevoir du moindre signe de mécontentement, et le lendemain à huit heures du matin, le Roi alla, de sa personne, le faire arrêter chez lui, et apposer les scellés sur ses papiers. Il fut envoyé dans une prison d'État, d'où il n'est sorti que long-temps après. M. le duc de San-Carlos était sorti du cabinet du Roi à onze heures du soir; il reçut à son lever un ordre d'exil, qui fut changé en une ambassade à Vienne. Enfin, le sur-intendant de police Echevarri avait fumé un cigarre avec le Roi, et en avait même reçu le cadeau d'une douzaine; une heure après il était sur la route de la prison d'État de Ségovie.

Cependant la diplomatie n'était pas encore intervenue dans la Camarilla, jusqu'au moment où le ministre de Russie, Tatischeff, imagina d'employer ce moyen pour établir le crédit de sa cour sur le cabinet de Madrid. Il devint lui-même membre de la Camarilla, et y introduisit un homme dont il se servait en qualité d'agent subalterne pour les affaires de toute espèce, dont son imagination, prodigieusement active, avait créé les élémens en Espagne. Cet homme était le fameux Ugarte, qu'on a vu tout-puissant auprès du roi Ferdinand, pendant les deux premières années de sa seconde restauration; qui faisait et défaisait à son gré les ministres, et dont tous les partis et tous les cabinets se disputaient la protection. Ugarte, élevé par la faveur du ministre de Russie, Tatischeff, a été renversé aussi par un autre ministre russe, M. d'Oubril, sans que l'influence de cette puissance s'en soit accrue. La faveur presque exclusive dont jouissait Ugarte s'est partagée entre plusieurs individus qui sont aujourd'hui MM. Meras et Grijalva, dont nous avons déjà parlé; le secrétaire Salcedo, homme assez insignifiant; le médecin Castillo, homme d'esprit, aimé du Roi, quoique fort libéral, et quelques autres personnages obscurs. M. Recacho, d'une part, et M. Calomarde, de l'autre, avaient aussi accès dans la Camarilla, mais pas sur le pied d'une grande familiarité. Il y a encore plusieurs autres personnages subalternes que le public regarde comme membres de la Camarilla, parce qu'ils ont entrée au palais, et que par leur moyen on fait parvenir au Roi des notes et des placets, sans qu'ils passent par les mains de ses ministres.

Le roi Ferdinand, ainsi que nous l'avons déjà indiqué, est d'un accès facile; il donne audience à tout le monde, écoute avec beaucoup de patience tout ce qu'on a à lui dire, et accorde souvent des grâces, ou fait justice des plaintes qui lui sont portées. Mais malheureusement les solliciteurs ne peuvent pas éviter la filière ministérielle, ou le contrôle de la Camarilla, qui détruisent presque toujours le bien qu'a fait le monarque, non sans préjudice de sa popularité.

Les princes et les princesses de la famille royale ont aussi leur Camarilla. Celle de l'infant don Carlos, héritier présomptif de la couronne, passe pour être dominée par les prêtres; c'est ce qui a donné lieu à la dénomination de Carlistes, qu'on a donnée, ou qu'ont prise, dans le principe, les Agraviados. Cette qualification a trompé les étrangers, mais elle est injuste; le prince Charles n'est pour rien dans les projets du parti qui a voulu s'appuyer de son nom. Il est attaché à son frère, et s'il parvient au trône, ce ne sera sans doute que par des moyens légitimes *.

Avant de terminer cette note sur la Camarilla, il ne sera pas hors de propos de parler d'un homme qui en a toujours été un des principaux agens, et qui seul entre tous ceux qui en ont fait partie à différentes époques, n'a jamais éprouvé de vicissitudes fâcheuses, ayant constamment eu l'adresse d'être dans la faveur des chefs du parti dominant. Nous voulons parler de M. Regato que les journaux nous ont dit avoir été appelé auprès du Roi, de Sarragoce où, d'après le bruit public, il était avec une mission de M. Calomarde.

M. Regato est médecin, mais il n'a jamais exercé cette profession. Il rédigea l'*Abeille de Cadix*, journal fort libéral, pendant l'invasion de l'Espagne par Napoléon. Il était en France où il se faisait passer pour réfugié, pendant les cent jours, et il servit d'intermédiaire, entre le gouvernement français auprès duquel il s'était introduit, et le député aux Cortès, Quartero, qui avait conçu un plan pour lier la cause des libéraux espagnols à celle de Napoléon. Après le retour de Louis XVIII, M. Regato rentra en Espagne et résida pendant quelque temps à Bilbao sans y être inquiété par le gouvernement espagnol, qui n'ignorait pas les démarches

* Voyez la note C, à la fin de l'ouvrage.

qu'il avait faites à Paris, ainsi que le plan qu'il avait formé pour réunir à Bayonne plusieurs officiers de Mina, afin d'opérer un mouvement en Espagne. On a su depuis que M. Regato avait plusieurs passe-ports avec lesquels il voyageait librement en Espagne, en France et même en Angleterre. Il n'était soupçonné de trahir tous les partis que par un seul individu, qui découvrit qu'au moment où il prenait part à l'expédition constitutionnelle de Renovales sur les côtes d'Espagne, il entretenait une correspondance suivie avec l'ambassade espagnole à Londres. En 1819, on crut savoir aussi que Regato recevait un salaire de l'ambassadeur d'Espagne à Paris, mais il eut l'adresse de persuader à plusieurs libéraux influens que c'était pour mieux servir leur cause. Mina seul s'en méfiait, ce qui n'empêcha pas Regato d'être bien accueilli des francs-maçons de la Catalogne, où il se rendit peu de temps avant la révolution de 1820, et où il découvrit au général Castagnos, alors capitaine-général de cette principauté, les secrets et les projets des constitutionnels. Lorsque la Constitution fut promulguée, il alla à Madrid et fut un des plus fougueux orateurs de la Fontaine-d'Or. Il continua à servir les deux partis qui le payaient également bien. Il se déclara contre les *maçons* en faveur des *comuneros*, dans les querelles qui s'élevèrent entre les deux partis, et entretint toujours des relations très-suivies avec la cour. Il s'était fait nommer à un emploi supérieur dans le ministère des finances, et voulut être nommé intendant de la Havane, mais il ne put y réussir, et se fit donner par son ami Yandiola, ministre des finances, l'intendance de Séville. Quoique ses relations dans le palais du Roi ne fussent ignorées de personne, il jouissait toujours d'un grand crédit parmi les *comuneros*, qu'il trompait, en leur persuadant qu'il était utile qu'ils eussent quelqu'un qui les tînt au courant des projets secrets des serviles. Au retour du Roi à Madrid, on vit reparaître Regato que tout le monde croyait en fuite. Il fut bien accueilli, et depuis cette époque, il n'a cessé d'avoir des missions de confiance presque toujours secrètes. C'est l'agent le plus actif et le plus habile du parti, qu'il servira tant qu'il le croira puissant.

M. Regato, malgré sa conduite tortueuse, a des amis qu'il sert bien. Il a des talens incontestables, et ce ne serait pas un malheur pour l'Espagne, puisqu'elle est condamnée à être régie par l'intrigue et non par un gouvernement, que tous les intrigans auxquels elle est en proie, eussent le mérite relatif de M. Regato.

21-22-23 Le curé Merino s'est rendu célèbre en Espagne, pendant la guerre de l'indépendance, comme guerrillero. Il fit beaucoup de mal aux Français qui voyageaient isolément ou par petits détachemens. Il se maintint dans la Vieille-Castille à la tête de sa bande, en échappant toujours aux colonnes mobiles qui le poursuivaient. Les Espagnols ne le redoutaient pas moins que les Français, à cause des vexations de toute espèce qu'il leur faisait éprouver. A la paix de 1814, il obtint une retraite avec le grade de brigadier et un riche bénéfice ecclésiastique. Il ne prit aucune part à la révolution de 1820, jusqu'aux premiers troubles qui suivirent la journée du 7 juillet 1822. Il reprit les armes à cette époque, et recommença ses expéditions également funestes aux amis et aux ennemis. Le curé Merino est ignorant, fanatique et cruel. Il a beaucoup d'influence dans la province de Burgos où le gouvernement a la faiblesse de le laisser résider, et où il entretient toujours une certaine fermentation fort embarrassante pour l'administration.

Carnicer et Locho sont des chefs subalternes toujours disposés à prendre les armes lorsqu'il se présente une occasion de piller. Le dernier a plusieurs fois désolé la Manche, et n'a jamais obéi aux ordres de désarmement qui lui ont été donnés.

M. Recacho, dont la destitution récente a

fait tant de bruit, a été le troisième et le dernier surintendant de la police de l'Espagne, depuis la création de cette institution, sacrifiée ainsi que son chef au parti apostolique, malgré la volonté du Roi, et quoique ce prince honorât M. Recacho d'une estime particulière.

Ce magistrat était président de l'audience d'Oviédo, tribunal qui répond à peu près, quant aux attributions, à nos anciens Parlemens. En prenant possession de son nouvel emploi, M. Recacho fit à l'opinion dominante dans les conseils du Roi quelques sacrifices qui ont dû lui coûter beaucoup. L'exécution de l'Empécinado et celle des malheureux francs-maçons de Grenade, accordées aux apostoliques comme une compensation de la mort de Bessières, lui seront toujours reprochées, quoique nous aimions à croire qu'il ait fait tout ce qu'il a pu pour les empêcher. Quelques circulaires, parties de ses bureaux, donneraient aussi une fâcheuse idée des principes politiques de ce surintendant, si on ne savait qu'il en a adouci les dispositions autant qu'il a été en sa puissance.

M. Recacho, homme d'esprit et éclairé, ne tarda pas à voir qu'il n'y a pas de transaction possible avec un parti qui n'admet aucune modification. Il découvrit au Roi l'abime vers lequel on entrainait la monarchie et le monarque, et prouva à Sa Majesté que le trône serait toujours exposé aux plus grands périls, tant que l'institution des volontaires royalistes subsisterait. Il a lutté avec persévérance et souvent avec avantage contre ce parti furibond, et lorsque le danger qu'il avait signalé en mettant sous les yeux du Roi le véritable état de la Catalogne, avec un exposé sincère des causes qui l'avaient produit, aurait dû, partout ailleurs qu'en Espagne, lui donner un nouveau crédit, il a tout-à-coup été destitué, et peu s'en est fallu qu'il ne devînt la victime d'un mouvement populaire excité par ses ennemis. M. Recacho, malgré l'ordre qu'il avait reçu d'aller reprendre ses fonctions de président de l'audience d'Oviédo, a été obligé de se réfugier en Portugal, d'où il est venu à Paris grossir le nombre des exilés de l'Espagne.

25. Le marquis de CAMPO-SAGRADO, lieutenant-général, doyen du conseil de la guerre, est de l'ancienne maison asturienne de Quiros, qui porte sur ses armes la légende : *Despues de Dios la casa de Quiros*, après Dieu la maison de Quiros. Il est aussi conseiller d'État et jouit à juste titre de la plus haute estime en Espagne, d'où il est aisé de conclure qu'il est extrêmement odieux au parti apostolique. M. de Campo-Sagrado était capitaine-général de la Catalogne, lorsque les troubles de cette province ont commencé. Il en a

retardé le développement autant qu'il l'a pu, avec la faiblesse des moyens mis à sa disposition. Il n'a cessé, pendant quinze mois, de réclamer des secours et d'indiquer les vrais auteurs de ces soulèvemens. Mais ses efforts ont été vains. Long-temps le Roi a ignoré le véritable état des choses; on traitait le marquis de Campo-Sagrado de visionnaire, et qui pis est de libéral, qui osait calomnier la pureté des intentions des volontaires royalistes. Le parti était parvenu à le faire remplacer par le général Caro, qui lui est beaucoup moins suspect, lorsque les progrès des Agraviados ont fait ouvrir les yeux au Roi, qui à la place du général Caro a nommé le comte d'Espagne. M. de Campo-Sagrado a, dit-on, été très-bien accueilli par Sa Majesté Catholique. Heureuse l'Espagne en général, et la Catalogne en particulier, si cet homme respectable obtient la confiance du Monarque, et si ses sages conseils paralysent les manœuvres de Calomarde et des évêques dont il a entouré le Roi! M. de Campo-Sagrado, s'il est écouté, éclairera ce prince sur les menées du parti qui a fomenté l'insurrection, et parviendra peut-être à le convaincre que ce n'est pas les constitutionnels désarmés et résignés, qui sont à redouter, mais bien ce parti démagogique que les apostoliques ont soulevé pour satisfaire leur haine contre la partie éclairée de la nation, sans prévoir qu'ils seront aussi entrainés dans le naufrage que ces dangereux auxiliaires préparent à la monarchie.

[26] Nous serions obligé de grossir cet opuscule de deux cents pages, si nous voulions donner une liste de tous les hommes recommandables qui, depuis la fin de 1823, ont fui l'Espagne ou en ont été exilés. La France et l'Angleterre ont accueilli ces illustres proscrits, auxquels brûlent de se réunir beaucoup d'autres que leur peu de fortune ou la surveillance inquiète du gouvernement retiennent en Espagne. Lorsque nous lisons dans nos feuilles officielles la relation pompeuse des brillans *baise-mains* de la cour, nous ne pouvons nous empêcher de nous rappeler que, excepté le corps diplomatique, le duc de l'Infantado et trois ou quatre grands obscurs, la foule qui encombre ce jour-là les salons du palais se compose de parvenus auxquels nous serions loin de faire un reproche de leur élévation subite, s'ils la devaient à leur mérite ou à des services rendus. Dans le temps des Cortès, Ferdinand VII n'était pas salué des cris de *vive le Roi absolu !* mais lorsqu'il tenait sa cour, il se voyait entouré des respects de l'élite de son peuple, et la présence dans son palais, des Ossuna, des Frias, des Médinacéli, des Santa-Cruz, des Ognate, des Altamira, des San-Fernando, et d'une foule d'autres personnes,

dont les talens ou les vertus étaient l'orgueil de l'Espagne, le flattaient probablement davantage que celle de l'espèce d'hommes qui l'entourent aujourd'hui, et qui lui font chèrement payer un prétendu dévouement auquel l'expérience lui prouve qu'il serait hasardeux de se confier.

Toutes les révolutions produisent partout les mêmes résultats; les partis sont tour à tour proscripteurs et proscrits, mais il n'est jamais arrivé qu'en Espagne, que la puissance soit restée en définitive au moins capable et au plus ignorant. Nous nous plaignons en France, et avec raison, de ce que notre ministère témoigne une préférence marquée pour la médiocrité; cependant, et malgré la justice évidente des reproches qu'on lui adresse à ce sujet, les exceptions sont nombreuses. D'ailleurs on remarque de la suite et même quelque habileté dans les manœuvres du parti qui domine chez nous. Mais en Espagne, le savoir, l'expérience, la vertu, la naissance, la fortune, le talent de quelque genre qu'il soit, sont des titres à une persécution plus ou moins active; la faveur personnelle du Roi n'est pas une garantie, elle est plutôt un malheur pour celui qui en jouit, car elle est l'avant-coureur certain d'une disgrâce éclatante, comme celle qui vient de frapper M. Recacho, ou d'un éloignement sous un prétexte honorable : M. le duc de San-Carlos et

M. d'Ofalia en sont de frappans exemples. Le premier de ces personnages est appelé à la tête du ministère par les vœux d'une grande partie de la nation, qui espère qu'un long séjour en France et en Angleterre l'aura convaincu de la nécessité de donner à l'Espagne un système de gouvernement qui la fasse rentrer dans la grande famille européenne. Le séjour qu'il vient de faire auprès du Roi, et la faveur particulière avec laquelle le Monarque l'a accueilli, ont fait espérer un moment qu'il serait placé à la tête des affaires; mais on a bien vite profité du départ du Roi pour ordonner au duc de San-Carlos de se rendre au poste d'ambassadeur d'Espagne à Paris, dont il est redevable à l'impossibilité où on s'est vu de lui faire perdre la bienveillance royale. M. d'Ofalia, envoyé à Londres sous de vains prétextes, et pour une mission qui aurait pu être donnée à un simple commis, y sera retenu indéfiniment, parce que sa présence fait ombrage à Madrid. Il en est de même de toutes les autres personnes auxquelles on n'a rien à reprocher que leurs talens, ou leur refus de concourir aux mesures arbitraires et vexatoires, qu'enfante l'imagination de jour en jour plus féconde des apostoliques.

A. Ce n'est pas une chose facile que d'apprécier avec justice et impartialité le rôle que l'Angleterre a joué en Espagne à diverses époques. On ne peut nier que cette puissance n'ait puissamment contribué à préserver l'indépendance de cette nation dans la guerre de 1808 à 1814. Probablement les Espagnols eussent succombé sans son intervention; peut-être eût-il été plus avantageux en définitive à ce pays, que le triomphe eût été complet, car au lieu de six années d'une guerre dévastatrice, l'Espagne aurait eu un gouvernement imposé à la vérité, mais fort; elle se serait régénérée, et les événemens de 1814 l'eussent trouvée constituée et avec des élémens capables de résister, ou tout au moins de modifier les conséquences de la brusque restauration de Ferdinand VII. Cette manière de voir est celle de beaucoup d'Espagnols de tous les partis, et elle n'est pas sans fondement, surtout d'après l'abandon où toutes les puissances de l'Europe laissèrent ce gouvernement des Cortès, reconnu par eux tous, et dont la proscription a été le résultat le plus immédiat du triomphe de la cause à laquelle l'élite de la nation espagnole avait sacrifié sa fortune et sa vie. La Grande-Bretagne donna la première l'exemple de cette ingratitude envers les patriotes espagnols. Le duc de Wellington, commandant-général des armées anglaises, espagnoles et portugaises de la Péninsule, et ministre plénipotentiaire de son gouvernement, étant venu à Madrid peu après le retour du Roi, s'abstint de toute démarche officielle et même officieuse en faveur des membres du gouvernement de Cadix, qui déjà remplissaient les cachots et qui y sont restés enfermés pendant six ans. Après la mort de lord Castlereagh, il était naturel d'espérer que les principes politiques qu'affichait son successeur M. Canning, influeraient beaucoup sur la conduite de l'Angleterre à l'égard de l'Espagne; mais le cabinet de Londres est resté tranquille spectateur de l'invasion de 1823, et a observé la plus stricte neutralité. Il a même donné lieu de penser qu'il souhaitait le renversement du système constitutionnel, lorsqu'il a envoyé à Madrid en qualité d'ambassadeur sir William A'Court, connu par ses opinions peu favorables aux idées constitutionnelles. Ce diplomate cependant, dont les talens ne sont point douteux, a dû faire connaître la vérité à son gouvernement. Il ne lui aura pas laissé ignorer que les amis des institutions libérales étaient nombreux en Espagne. Nous avons des raisons de croire que, sous ce rapport, il n'a rien déguisé au ministère anglais, car nous savons qu'il a dit à Lisbonne que M. Canning s'était trompé, en choisissant le Portugal pour y faire l'essai du système constitutionnel à établir dans la Péninsule, et que c'était en Espagne qu'existaient tous les élémens propres à l'établissement de ce régime. Nous convenons avec sir William A'Court, que le grand ministre dont l'Angleterre pleure la perte, s'est en effet trompé sur l'Espagne, mais nous ne convenons pas que le Portugal repousse les institutions que son Roi a voulu lui donner. Cet ambassadeur, dont la nomination au poste de Lisbonne est la véritable erreur de feu M. Canning, a pu se convaincre par ses yeux et dans une occasion récente, que lorsque les véritables sentimens du peuple portugais peuvent se manifester en liberté, ils sont tout-à-fait conformes à ceux que sir William A'Court attribue avec raison aux Espagnols. Cette opinion trouvera des contradicteurs, et l'on nous opposera l'enthousiasme probable avec lequel va être reçu don Miguel; mais est-il étonnant que les patriotes portugais se soient découragés, en se voyant abandonnés par la puissance qui avait envoyé une armée pour y soutenir la Charte apportée du Brésil par son propre ambassadeur?

Serait-il vrai que la Grande-Bretagne ne veut de la liberté que pour elle, et qu'elle croit de son intérêt que tous les autres peuples en soient privés? Nous ne le pensons pas, et quoique nous ne trouvions aucun motif d'excuser son inconcevable conduite en Portugal et en Espagne, nous aimons à croire que le ministère anglais et feu M. Canning lui-même ont trop cédé à la crainte qu'une guerre européenne ne fût le résultat d'une démarche trop franche de la part de l'Angleterre. Nous ne doutons pas qu'en faisant ce sacrifice à la paix, le gouvernement anglais ne fasse tous ses efforts pour atténuer les conséquences du nouveau système que sa politique du moment tolère en Portugal. Mais a-t-il bien envisagé ces conséquences, et croit-il pouvoir conserver du crédit dans un pays où, amis et ennemis, ont des motifs également fondés de se plaindre de lui?

Combien plus sage et plus noble a été la conduite d'un ambassadeur français que son gouvernement a eu la faiblesse ou la maladresse de désavouer. L'honorable M. Hyde de Neuville avait jugé avec la plus rare sagacité le véritable état du Portugal et ses besoins politiques. Il avait jeté dans ce royaume les fondemens d'une influence française également avantageuse aux deux nations, et n'avait pas craint de prendre l'initiative en prêtant l'appui de la France au monarque portugais contre les factieux, qui sous le prétexte de garantir les droits de la royauté que personne ne songeait à attaquer, voulaient soumettre le Portugal au joug du parti qui désole l'Espagne. On se souviendra long-temps à Lisbonne de l'énergie que déploya M. Hyde de Neuville dans la nuit du 30 avril et dans les premiers jours de mai. Il était loin de s'attendre que sa courageuse et loyale conduite dans cette circonstance, serait le signal d'une disgrâce aussi glorieuse pour celui qui en a été l'objet, qu'elle est honteuse pour le ministère qui a désavoué le seul de ses agens qui ait su noblement représenter la France à l'étranger.

Un avenir prochain nous apprendra si M. Canning a emporté au tombeau le secret de ses vues futures sur le Portugal et sur l'Espagne, et s'il s'était préparé à prévenir le reproche qui sera adressé à ses successeurs, de faire jouer à l'armée anglaise de Portugal un rôle tout aussi inconvenant que celui que jouent nos troupes en Espagne.

B. Des motifs de convenance et un juste respect pour un auguste personnage, ont retenu jusqu'à présent tous les écrivains qui ont traité la question de l'Espagne, en ce qui concerne la mémorable ordonnance *d'Andujar*. Il nous semble cependant que sans sortir des bornes de ce respect, il peut être permis de louer un acte qui honorera à jamais son auteur dans la postérité, et de déplorer la fatalité qui a privé la malheureuse Espagne de l'immense bienfait que lui dispensa, dans cette circonstance, le prince généralissime. Le génie du mal a triomphé à cette époque, en employant les manœuvres les plus perfides et les plus machiavéliques, pour paralyser ce grand acte de justice. On ne sait pas assez en France combien il était urgent, et l'on ignore également tous les ressorts qu'on a fait jouer pour en détruire les effets. La guerre était finie, si le ministère français n'eût pas eu la faiblesse ou l'audace de suspendre l'exécution de cette salutaire mesure, qui excusait et légitimait en quelque sorte notre invasion. Il faut avoir été sur les lieux pour se faire une idée de l'état où le triomphe de l'armée de la Foi avait mis l'Espagne; il faut avoir été témoin des vexations qui furent exercées par le parti qui s'intitulait royaliste, contre les principales classes de la nation; il faut avoir eu sous les yeux le tableau de désolation et d'horreur, qui s'offrit à Monseigneur le Dauphin, dans son voyage de Madrid au port Sainte-Marie. Ce n'est qu'avec une connaissance parfaite de ces circonstances, qu'on peut se permettre d'apprécier toute l'étendue d'un mal qui n'exigeait pas moins qu'un aussi grand remède. L'Espagne paie bien cher le crime politique commis par ceux qui eurent assez de puissance pour annuler les dispositions de l'héritier présomptif de la couronne de France, insolemment rangé par eux dans la classe des agens subalternes qu'on désavoue. On ne rougit pas de prendre le futile prétexte, que le général en chef de l'armée française n'avait pas le droit d'intervenir dans le gouvernement intérieur de l'Espagne, tandis qu'il existait une régence. Eh! qui donc avait nommé cette régence? de qui tenait-elle ses pouvoirs? ne disait-on pas que le Roi était captif? y avait-il en Espagne une autorité nationale qui eût les moyens de se faire respecter? Cette régence que nous craignons tant de blesser, aurait-elle pu se maintenir un seul instant, si nous ne l'eussions soutenue de nos baïonnettes? Et encore une fois, les membres n'avaient-ils pas été nommés par ce même généralissime, dont on niait les droits à prendre des mesures de gouvernement? Ce n'était pas le seul outrage qu'on réservait à notre armée et à son illustre chef : il devait y avoir des capitulations faites en son nom et sous la garantie de la France, qui seraient violées sans qu'une seule réclamation se dût faire entendre de la part de notre gouvernement. Des infortunés qui auraient pu mourir avec honneur, les armes à la main, ont payé de la mort des criminels leur funeste confiance dans nos engagemens écrits. Toutes les nations accueillent et quelques-unes pensionnent les fugitifs, victimes dans leur patrie de délits politiques. Les malheureux constitutionnels espagnols se sont réfugiés dans les camps français, sous l'égide d'une capitulation, et nous les avons livrés pieds et poings liés à leurs bourreaux; heureux ceux, qui plus prévoyans, ont jugé par le sort de l'ordonnance *d'Andujar*, de celui qui les attendait, en se confiant aux assurances que leur donnaient les capitulations que nous faisions avec eux.

C. Il n'est pas étonnant qu'on ait cru longtemps en Europe qu'il existait réellement en Espagne un parti *Carliste*, et que ce parti travaillait à faire passer la couronne sur la tête de l'infant don Carlos. Les apparences, nous l'avouons, étaient très-fortes, et nous ne prétendons pas nier que parmi quelques confidens du prince, et peut-être parmi des personnes qui lui touchent de plus près, il n'ait été question de projets qui tendaient, sinon à détrôner Ferdinand VII, du moins à restreindre singulièrement son autorité. En Espagne même, où l'on a vu les principaux agens du parti apostolique entretenir des relations intimes dans la maison de l'Infant avec les personnes que nous avons désignées, et où l'on entendait ces mêmes agens former ouvertement le vœu de voir régner le prince don Carlos, les mécontens se sont crus autorisés à se servir de son nom, mais il est indubitable que le frère de Ferdinand VII n'est pour rien dans ces machinations; il ignore probablement les circonstances qui y ont donné lieu, et s'il les a connues dans ces derniers temps, il gémit sans doute de ce que des vœux coupables aient été formés dans sa maison, et que des propos inconsidérés aient pu donner lieu aux bruits qui ont couru. Tout nous porte à croire que le roi d'Espagne a ouvert les yeux, un peu trop tard peut-être; nous pensons que l'infant don Carlos apercevra aussi le précipice dans lequel l'entraînait à son insu le parti apostolique.

D. Nous avons indiqué dans le texte de cet écrit quelle était notre opinion sur le voyage du Roi. Nous le regardons comme l'effet d'une double intrigue. Romagosa dont la conduite, depuis le commencement des troubles de Catalogne, a été fort équivoque, et qui, dit-on, vient d'être sacrifié aux soupçons des chefs de l'insurrection, est venu trouver le Roi, chargé par les Agraviados, de faire connaître à Sa Majesté Catholique les motifs qui leur avaient fait prendre les armes. L'arrivée de Romagosa à Saint-Ildefonse au moment où le Roi, éclairé enfin sur l'imminence du danger, était disposé à prendre des mesures vigoureuses, coïncidait avec l'embarras où se trouvait M. Calomarde envers le parti apostolique effrayé de la nomination du comte d'Espagne au commandement de l'armée et de la province. Il paraît, d'après des renseignemens assez certains, que Romagosa avait pour instruction d'engager le Roi à se rendre en Catalogne, mais non accompagné de troupes; M. Calomarde saisit cette idée et appuya les insinuations faites par Romagosa. Ce voyage ne détruisait pas entièrement l'effet de la nomination du comte d'Espagne, mais il en paralysait les résultats probables, si cet officier-général eût pu agir en pleine liberté. Cependant il peut se faire que dans cette circonstance les apostoliques aient mal calculé. Ils ne pourront empêcher le Roi d'apprendre une foule de choses qu'on lui avait soigneusement cachées. Ils n'ont pu réussir à éloiguer le marquis de Campo-Sagrado, qui est bien au courant des menées et des intrigues du clergé.

Le voyage de Romagosa à la cour et l'accueil qu'il y a reçu, peuvent donner une idée de l'état d'anarchie où les apostoliques ont plongé l'Espagne. Ce chef, d'abord employé dans les troupes du Roi, devint justement suspect au capitaine-général; il passe aux insurgés, et après avoir communiqué avec eux, il part pour Saint-Ildefonse; il traverse tranquillement une partie de l'Espagne, bien qu'il soit sous le poids d'une accusation de haute trahison; il se présente hardiment chez le Roi sans que personne songe à le faire arrêter; il entretient Sa Majesté Catholique et ses ministres; il repart pour le théâtre de l'insurrection dont lui-même fait ouvertement partie. Rien de tout cela ne paraît extraordinaire, tant on est accoutumé depuis trois ans à toute espèce d'irrégularités; il finit, s'il faut en croire les journaux, par être sacrifié par son propre parti, qui le punit sans doute de ce qu'il a gâté le succès de sa mission, en n'évitant pas que le Roi vienne accompagné d'une armée, au lieu de se livrer sans défense aux mains des Agraviados.

Voilà, nous le pensons, tout le secret de ce voyage dont les résultats sont encore dans les futurs contingens. On les célèbre d'avance sur la foi de la *Gazette de Madrid*, tandis que les correspondances particulières qui ne passent pas aux ciseaux de la censure, nous apprennent que loin de s'éteindre, l'insurrection continue à faire des progrès.

Au moment où nous mettons sous presse, les nouvelles de Catalogne nous apprennent que le comte d'Espagne est entré à Girone, et que les chefs de l'insurrection se réfugient dans les montagnes. Il parait aussi que le crédit de M. Calomarde baisse, et que Sa Majesté Catholique adopte enfin un système d'énergique sévérité contre le parti apostolique, en même temps qu'elle se détermine à admettre la coopération des hommes qui, à son exemple, exercèrent leurs emplois sous le régime constitutionnel. Nous souhaitons que ces heureuses dispositions soient durables, mais nous n'osons l'espérer. Des ménagemens intempestifs pour un parti inexorable, viendront, nous le craignons, détruire l'effet de ces heureux présages. Ne voyons-nous pas déjà certaines feuilles françaises s'apitoyer sur le sort de quelques factieux, et vanter la résignation avec laquelle le marquis de Cardenas et quelques autres apostoliques se sont soumis *sans murmurer* à l'ordre d'exil, dont le Monarque s'est contenté de punir leurs coupables manœuvres? Jusqu'à ce que nous voyons Ferdinand VII prendre et exécuter la résolution d'éloigner de sa personne et des affaires les hommes qui l'ont placé dans la position critique où il est depuis trois ans, à commencer par son ministère et la plus grande partie de ses conseillers d'État, nous regarderons l'Espagne comme menacée d'une épouvantable révolution.

FIN.

TABLE.

❀

www.ingramcontent.com/pod-product-compliance
Ingram Content Group UK Ltd.
Pitfield, Milton Keynes, MK11 3LW, UK
UKHW022050170726
13837UKWH00002B/872